LA VÉRITÉ

SUR

LOUIS-NAPOLÉON BONAPARTE

PAR

UN RÉPUBLICAIN DE LA VEILLE.

L'esprit de justice doit passer avant l'esprit de parti.

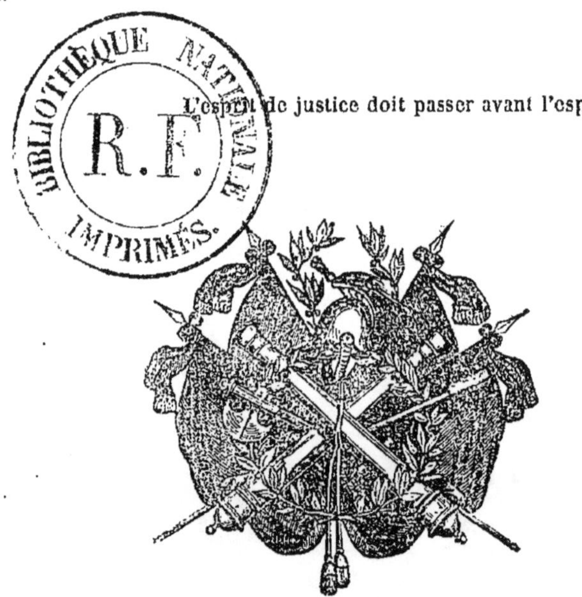

PRIX : 25 CENTIMES.

PARIS.

CHEZ MARTINON, LIBRAIRE – ÉDITEUR,
RUE DU COQ-SAINT-HONORÉ, 4;

ET CHEZ TOUS LES LIBRAIRES.

—

1848.

LA VÉRITÉ

LOUIS-NAPOLÉON BONAPARTE.

Nous ne pouvons nous expliquer l'hostilité et l'espèce d'acharnement que certaines personnes manifestent contre Louis-Napoléon Bonaparte. Au nombre de ces personnes, nous comptons des républicains de la veille, de vrais démocrates, et presque tous les socialistes.

Cette répulsion, dont le neveu de l'empereur est l'objet de la part de gens que nous savons, pour la plupart, hommes de progrès et bons patriotes, ne saurait provenir que de deux causes : les calomnies, les insinuations perfides, et le ridicule dont cherchent à l'accabler certaines ambitions rivales, bien connues ; puis son long exil, qui ne lui a pas permis de se faire connaître personnellement de ses compatriotes.

L'amour de la vérité, la voix de notre conscience, l'intérêt de notre pays, la connaissance que nous avons pu acquérir des sentiments et de la conduite du fils de la bonne reine Hortense, nous obligent à dégager la lumière des nuages dont elle est obscurcie.

Pour y réussir, nous écartons, bien entendu, l'épaisse atmosphère que les auteurs d'interprétations méchantes ou erronées, de caricatures indignes, de libelles ou d'affiches mensongères, s'ingé-

nient à élever entre le peuple et le neveu de Napoléon.

Il nous sera facile, en nous bornant à des récits
et à des témoignages authentiques, de repousser
des imputations, des reproches, voire même des
craintes, qui, on s'en convaincra, ne peuvent sup-
porter l'examen.

I.

On révoque en doute les sentiments démocratiques et nationaux de Louis-Napoléon ; quelques-
uns vont jusqu'à les nier.

C'est que, probablement, on ne sait pas à qui fut
confiée son éducation, quelle nourriture morale et
politique il a reçue, quels principes lui ont été in-
culqués. Ne changera-t-on pas d'avis, en apprenant
qu'il a eu pour maître le fils d'un conventionnel,
M. Lebas, qui, précisément, dut cette préférence
à ses doctrines républicaines ? Assurément, un pa-
reil choix est assez significatif pour ne laisser aucune incertitude sur la nature des premiers germes
politiques et humanitaires déposés dans le sein du
jeune élève.

Ils ont fructifié ces germes, et plusieurs actes en
font foi.

On le voit, en 1831, et n'ayant atteint que sa
vingt-troisième année, combattre, avec son frère
aîné, pour l'indépendance et la liberté de l'Italie ;
la Romagne insurgée fut témoin de leur courage.
La malheureuse issue de cette lutte inégale est
connue : les Autrichiens, au nombre de mille
contre un, écrasèrent les patriotes, le frère de
Louis-Napoléon perdit la vie, et lui-même fut ré-
duit à la nécessité de subir un nouvel exil. Venu
avec sa mère incognito à Paris, il fit demander

mais vainement, à Louis-Philippe, de servir comme simple soldat dans les rangs de l'armée française.

Que conclure de ces deux faits? L'ami de la liberté, le guerrier français, l'enfant de Paris *, ne se manifestent-ils pas chez le noble fils d'un des frères de Napoléon? Après avoir servi, comme volontaire, la cause de l'émancipation italienne, il met toute son ambition à pouvoir rentrer en France et à y être reçu au plus bas échelon de la hiérarchie militaire. N'y a-t-il pas là de l'abnégation; ne remarque-t-on pas là le fruit d'une éducation républicaine?

Cette abnégation était-elle sincère? s'écriera-t-on. — Nous répondrons que flétrir les actes d'un homme par voie de suggestion et d'interprétation maligne, n'a jamais été de bonne guerre; qu'en procédant ainsi, la vertu la plus éclatante pourrait être sujette à contestation. Des paroles sont suspectées, passe; mais des actes positifs, réels, vous ne pouvez faire qu'ils ne soient pas; or, il vous est de toute impossibilité de nier que Louis-Napoléon, en ces circonstances, ait agi en bon citoyen et en vrai patriote.

La suite, d'ailleurs, ne laisse aucun doute à cet égard.

II.

Au bout de quelques mois passés en Angleterre, où il avait dû se réfugier, il ne peut résister au désir, au besoin de vivre chez des républicains, d'habiter un pays où l'on ne reconnaît d'autre souveraineté que celle du peuple. Il se rend en Suisse, s'établit dans le canton de Thurgovie, et y devient

---

* Louis-Napoléon Bonaparte est né à Paris, le 20 avril

populaire par son affabilité et ses bienfaits. Combien de réfugiés, français, polonais, allemands, italiens, etc., ont béni sa main généreuse! Combien le château d'Arenenberg, par un bon accueil, a consolé et soulagé d'infortunes!

Le canton de Thurgovie, voulant donner à son hôte une marque de distinction et de reconnaissance, lui confère le *droit de bourgeoisie honoraire*. Eh bien! on retrouve encore, dans la lettre d'acceptation, les sentiments démocratiques dont Louis-Napoléon s'est déjà montré animé.

«Croyez, écrit-il au président du Grand-Conseil, que, dans » toutes les circonstances de ma vie, comme *Français* et *Bo-* » *naparte* , JE SERAI FIER D'ÊTRE CITOYEN D'UN ÉTAT LIBRE.»

Cette lettre, qui fut publiée dans les journaux du temps, et qui repose aux archives cantonales, est du 15 mai 1832.

Pour reconnaître ce don, il offrit au canton deux pièces de canon de six, avec trains et équipages complets. *Il créa en même temps plusieurs écoles gratuites.* La fondation de pareils établissements témoigne assez de son bon jugement, et de ses dispositions à contribuer d'une manière effective aux améliorations sociales. Il faisait alors en petit à l'étranger, ce que plus tard, peut-être, il se plairait à faire en grand dans sa patrie; et, pour ainsi dire, il fournissait un indice certain de la route qu'il suivrait, si jamais il se trouvait à la tête d'une grande administration.

Ici nous ne devons pas négliger de détruire radicalement une accusation que la malveillance s'est efforcée de porter contre Louis-Napoléon, savoir : que, par sa naturalisation en Suisse, il avait perdu la qualité et les droits de citoyen français. Si les auteurs de cette accusation avaient voulu se

cus qu'en cela il s'est agi du simple *droit de bourgeoisie honoraire*, et que le donataire n'a pas man-
qué de faire à cet égard toutes les réserves conve-
nables. Dans la lettre déjà citée, il rappelle sa position d'*exilé*, sa qualité de *Français*. Ce qu'il ac-
cepte, c'est une distinction qui n'implique point un
changemeut de nationalité. De même, le maréchal
Ney avait reçu le titre de bourgeois de la ville de
Berne ; de même, le président de la Grèce, Capo-
d'Istria, avait été honoré du droit de bourgeoisie
de la république et canton de Genève ; de même
aussi, le général Lafayette, lors de son dernier
voyage en Amérique, avait accepté les droits de citoyen des Etats-Unis.

A l'imitation de l'empereur son oncle, Louis-
Napoléon s'est livré particulièrement à l'étude de
l'artillerie ; un livre composé par lui sur cette
arme spéciale, a obtenu l'approbation d'hommes
compétents, entre autres, du général Dufour, de
l'habile stratégiste qui, depuis, a su, dans une cam-
pagne peu sanglante et de courte durée, vaincre la
ligue des sept cantons catholiques.

Après avoir été admis pendant plusieurs années,
comme volontaire, à l'école militaire de Thoune,
Louis-Napoléon fut nommé par le gouvernement
bernois, capitaine dans un bataillon d'artillerie.
La lettre de remercîments qu'il écrivit, à cette
occasion, au gouvernement de la République de
Berne, respire encore le plus pur sentiment démocratique, uni au plus ardent patriotisme ; on y
remarque les termes suivants :

« Ma patrie, ou plutôt le gouvernement de la France, me
» repousse, parce que je suis le neveu d'un grand homme.
» Vous êtes plus justes à mon égard.
» Je suis fier de compter parmi les défenseurs d'un Etat

» *la Constitution*, et où chaque citoyen est prêt à se sacrifier
» pour la liberté et l'indépendance de son pays. »

Nous ne croyons pas qu'il fût possible de rendre un hommage plus éclatant au principe de la *souveraineté populaire*; et nous nous demandons ce qu'aurait dit de mieux le plus rigide de nos républicains actuels.

<h3 align="center">III.</h3>

En 1835, nouvelle expression de sentiments identiques à ceux que nous avons déjà fait remarquer. Une lettre écrite pour démentir le bruit répandu par plusieurs journaux, qu'il était un des prétendants à la main de la reine de Portugal, se termine ainsi :

« Persuadé que le grand nom que je porte ne sera pas tou-
» jours un titre d'exclusion aux yeux de mes compatriotes,
» puisqu'il leur rappelle quinze années de gloire, j'attends
» avec calme, dans un pays hospitalier et libre, que LE PEUPLE
» rappelle dans son sein ceux qu'exilèrent, en 1815, douze
» cent mille étrangers.
» *Cet espoir de servir un jour la France*, comme CITOYEN
» *et comme* SOLDAT, *fortifie mon âme, et vaut, à mes yeux, tous*
» *les trônes du monde.* »

Cette déclaration si ferme, si explicite, n'a pas besoin de commentaires ; elle manifeste clairement le caractère et les intentions de Louis-Napoléon.

<h3 align="center">IV.</h3>

Jusqu'ici aucune parole, aucun fait ne nous dévoilent en lui des idées ambitieuses, des tendances contraires aux principes de liberté et d'égalité. Tout, dans sa conduite, révèle plutôt un profond respect pour la souveraineté nationale, l'amour de la patrie, et un parfait désintéressement.

Rien ne prouve mieux la largeur, le radicalisme de ses opinions, la pureté de ses vues, que les relations intimes qu'il n'a cessé d'entretenir, durant plus avancés et les plus actifs. Quels hommes visitait-il de préférence, lors de ses voyages à Genève? Ceux qui ont préparé ou déterminé les révolutions du 22 novembre 1841 et du 7 octobre 1846. Que disaient de lui tous les militaires et en particulier les artilleurs qui avaient campé avec lui? Qu'ils n'avaient pas de meilleur camarade.

V.

Mais, peut-être, allons-nous voir, à Strasbourg et à Boulogne, percer, éclater ses projets liberticides, ou du moins ses vœux de prétendant impérial. Examinons.

Lorsqu'en 1836, il se présenta à Strasbourg, abusé sans doute par des rapports inexacts, exagérés, sur les dispositions de l'armée et des citoyens, mais aussi, poussé par le désir de rentrer en France, d'y recouvrer pour lui et pour sa famille injustement proscrite, les droits de citoyen, de débarrasser son pays d'une royauté cupide, dilapidatrice, parjure à ses promesses, et rétrogradant de plus en plus vers l'absolutisme, il publia des proclamations. Qu'y disait-il? Nous copions textuellement :

« En 1830, on imposa à la France un gouvernement, sans » consulter le peuple de Paris, ni le peuple des provinces , » ni l'armée. Français ! *tout ce qui a été fait sans vous est* » *illégitime.*

» UN CONGRÈS NATIONAL, ÉLU PAR TOUS LES CITOYENS , » PEUT SEUL AVOIR LE DROIT DE CHOISIR CE QUI CONVIENT » LE MIEUX A LA FRANCE.

» Paris, en 1830, nous a montré comment on renverse un » gouvernement impie; montrons-lui, à notre tour , comment on consolide les libertés d'un grand peuple. »

Non-seulement ces paroles sont un nouveau blâme jeté à propos sur la coupable précipitation avec laquelle on *bâcla* la Charte, après l'avoir escamotage de la révolution de juillet 1830 ; mais de plus, elles contiennent un appel à la libre expression de la volonté nationale ; il y est question d'un *congrès élu par tous les citoyens*, et chargé de choisir la forme de gouvernement qui convient le mieux à la France. Voilà bien, ce nous semble, l'*établissement du suffrage universel et d'une assemblée constituante* ; voilà bien, ce nous semble, les principales institutions émanées de la révolution du 24 février !

D'où l'on peut conclure que Louis-Napoléon a voulu, en 1836, faire *pour le peuple*, ce que le peuple a fait *par lui-même* douze ans plus tard, et qu'il n'a eu qu'un tort (si c'en est un), celui de n'avoir pas réussi.

En effet, n'était-il pas naturel qu'il crût la nation prête à se soulever, à une époque où déjà la désaffection au gouvernement de la branche cadette des Bourbons était, avec toute justice, presque générale ? Il serait superflu d'énumérer les causes de cette désaffection ; elles sont connues ; et, pour n'en citer qu'une seule, nous dirons que la blessure faite à la liberté par les lois de septembre contre la presse périodique, était encore saignante.

VI.

La tentative de Boulogne s'explique comme celle de Strasbourg. On les a qualifiées d'échauffourées, et nous avouons que le mot *téméraires* leur est applicable. Mais, si ces deux actes révèlent, dans le neveu de Napoléon, un excès de courage, un caractère entreprenant, du moins elles témoignent, aussi bien que ses paroles, son profond attachement à la France, sa ferme résolution de la servir,

Certes, d'autres hommes, avant lui, ont tenté de grandes choses avec de faibles ressources, le succès a valu à quelques-uns le titre de *libérateurs de la patrie*. Il n'y a qu'un pas du sublime au ridicule : le résultat fait l'un ou l'autre.

L'essentiel n'est point d'apprécier les chances de succès que pouvait avoir l'audacieuse entreprise de Louis-Napoléon ; ce qu'il nous importait de constater et de pouvoir proclamer, c'est que nulle part on ne l'a vu se poser en qualité de *prétendant* ; c'est que dans toutes les circonstances où il paraîtrait avoir eu quelques velléités d'ambition, il a exprimé publiquement et dans un langage précis, l'intention de consulter le vœu de la France et de s'y conformer. Voici ce qu'il écrivait de New-York, où il avait été transporté après sa tentative de Strasbourg :

« Faisant une révolution avec quinze personnes, si j'arrivais à Paris, *je ne devais ma réussite qu'au peuple, et non à un parti ;* arrivant en vainqueur, *je déposais de plein gré, sans y être forcé, mon épée sur l'autel de la patrie ;* on pouvait alors avoir foi en moi, car ce n'était plus seulement mon nom, c'était ma personne qui devenait une garantie.»

La lettre qui contenait ces lignes était adressée à M. Vieillard, aujourd'hui représentant du peuple.

Des sentiments non moins démocratiques se trouvent formulés dans une lettre qu'il écrivait d'Arenenberg, le 2 juillet 1838, à M. Laity, l'un des citoyens compromis dans l'affaire de Strasbourg. On a déjà rendu justice à la magnanimité avec laquelle il s'abaissa, pour ainsi dire, à raison de cette affaire, dans le but d'appeler la clémence royale sur ses amis, en se déclarant *seul coupable.* Vainement, on voudrait prêter à cet acte un caractère de faiblesse ; tout homme d'esprit et de cœur saura

l'a vu, dans une circonstance encore plus importante, faire le sacrifice de son repos, de ses intérêts et de sa personne; nous voulons parler de
la généreuse détermination qu'il prit, en septembre 1838, de quitter la Suisse, afin d'épargner à la
Confédération helvétique une guerre dont elle aurait pu être la victime.

Pour qui réfléchit mûrement et sans passion, il
n'est pas douteux que de cette persécution exercée
dans l'unique intérêt dynastique de la famille d'Orléans, est résultée la malheureuse affaire de Boulogne. La Suisse, c'était presque la patrie, tandis
que l'Angleterre, c'était l'exil.

N'a-t-on pas même soupçonné que la police secrète de Louis-Philippe, aurait fait tomber, par
certaines excitations et certaines intrigues, le jeune
Bonaparte dans une sorte de guet-apens?

VII.

Ensuite de cette affaire, il fut traduit devant la
Cour des Pairs. Là, son langage est une fidèle représentation des principes démocratiques qu'il a
toujours professés.

« Gardez-vous, dit-il, de croire que, me laissant aller aux
» mouvements d'une ambition personnelle, j'aie voulu tenter
» en France une restauration impériale. J'ai été formé
» par de plus hautes leçons et j'ai vécu sous de plus nobles
» exemples. »

Puis il proteste de son intention d'en appeler à
ce grand peuple qui a reconquis sa liberté en 1830,
et qui a fait du nouveau règne une si triste expérience. Et il parle ainsi devant un tribunal exceptionnel, armé de la faculté de le condamner à mort.
La Cour prononça contre lui la peine de l'emprisonnement perpétuel; et, durant les six années de

pu faire de profondes et utiles méditations. Nous trouvons, en lisant une lettre en date du 21 octobre 1843, qu'il a adressée au rédacteur du *Journal du Loiret*, et qui a été rendue publique, un témoignage irrécusable de son affermissement dans la voie de la démocratie. Cette lettre contient sa profession de foi, et est ainsi conçue :

« Monsieur,

» Je réponds sans hésitation à l'interpellation bienveillante » que vous m'adressez dans votre numéro du 18.

» Jamais je n'ai cru et jamais je ne croirai que la France » soit l'apanage d'un homme, ou d'une famille; jamais je » n'ai invoqué d'autres droits que ceux de citoyen français, » et jamais je n'aurai d'autre désir que de voir le peuple en- ». tier, légalement convoqué, choisir la forme de gouverne- » ment qui lui conviendra.

» Issu d'une famille qui a dû son élévation au suffrage de » la nation, je mentirais à mon origine, à ma nature, et, qui » plus est, au sens commun, si je n'admettais pas la souve- » raineté du peuple comme base fondamentale de toute orga- » nisation politique. Mes actions et mes paroles antérieures » sont d'accord avec cette opinion. Si on ne m'a pas compris, » c'est qu'on n'explique pas les défaites, on les condamne.

» J'ai réclamé, il est vrai, une première place, mais sur » la brèche. J'avais une grande ambition, mais elle était » hautement avouable, l'ambition de réunir autour de mon » nom plébéien tous les partisans de la souveraineté na- » tionale, tous ceux qui voulaient la gloire et la liberté. Si je » me suis trompé, est-ce à l'opinion démocratique à m'en » vouloir? est-ce à la France à m'en punir?

» Croyez, Monsieur, que, quel que soit le sort que l'avenir » me réserve, on ne dira jamais de moi que, pendant l'exil » ou la captivité, *je n'ai rien appris ni rien oublié !* »

Le *Journal du Loiret* faisait suivre la reproduction de cette lettre de la conclusion suivante :

« Nous ne sommes qu'un faible écho de l'opposition na- tionale, mais au nom des idées dont nous sommes l'or- gane, nous adressons nos sympathies au prince Louis-Na- poléon. *Le prince Louis n'est plus un prétendant à nos yeux, mais un concitoyen, un membre de notre parti, un soldat de notre drapeau.* »

Cette exclamation d'un des organes alors les mieux famés de l'opinion républicaine, pourquoi ne la répéterions-nous pas aujourd'hui? pourquoi ne ferait-elle pas écho à Paris et dans les départements? Louis-Napoléon a-t-il donc démenti la profession de foi démocratique qui lui a valu une marque de sympathie aussi frappante? Depuis la révolution de février, n'a-t-il pas fourni des preuves de son amour de l'ordre et du maintien de la République : d'abord, en quittant, sur la demande du gouvernement provisoire, la ville de Paris, où sa présence pouvait , disait-on , être un prétexte de troubles; puis, en écrivant de Londres, le 15 juin dernier, au président de l'Assemblée nationale :

« Je désire l'ordre et le maintien d'une république sage,
» grande, intelligente.... Je rentrerai en France comme le
» plus simple des citoyens, mais aussi comme un des plus
» dévoués au repos et à la prospérité de mon pays. »

VIII.

En vérité, si nous étions ses adversaires, et que nous tinssions cependant à être justes à son égard, nous serions fort embarrassés pour lui trouver des torts envers la patrie, et pour découvrir, dans ses antécédents, rien qui le fasse démériter de la confiance publique. A plus forte raison, devons-nous l'appuyer, nous qui connaissons en lui d'éminentes qualités, et surtout sa constante application à étudier (sa brochure sur l'*extinction du paupérisme* en est une preuve) la grande question à l'ordre du jour; la question sociale ; nous qui savons sa maxime : *Peu de paroles, mais des actes* ; nous qui savons encore combien il est préoccupé de l'allégement des impôts, du rétablissement du crédit, des moyens de mettre fin ou du moins d'apporter de l'adoucissement, aux souffrances des ouvriers, des agriculteurs, des commerçants, des industriels, des

ment touché de la douloureuse situation des pros-
crits et de leurs familles, et que son cœur, vrai-
ment français, saigne du rôle équivoque rempli
par notre politique extérieure, jadis si généreuse
et si prépondérante.

Aussi croyons-nous dèvoir nous résumer, en
le proclamant *digne d'être président de la République.*

Des journaux anglais se livrent à des attaques
contre sa personne : les uns , le travestissant en
chevalier errant, et lui refusant jusqu'au simple bon sens, le représentent comme incapable
de remplir de hautes fonctions. Certes , qui l'aurait cru ? nos chers voisins d'Outre - Manche
montrent beaucoup de sollicitude à l'endroit de la
force, de la dignité, de la prospérité de notre nation !—Les autres, le dotant d'un esprit ambitieux,
inquiet, voient dans son élévation le signal d'une
conflagration européenne, et ils menacent la France
d'un second Waterloo. Singulier moyen, assurément, que de chercher à influencer des électeurs
français *par la peur!*... Nous avons la conviction
que la population de la Grande-Bretagne en général,
qui n'a point approuvé la trahison du *Bellérophon*
ni les cruautés de Sainte-Hélène, est loin de s'asso-
cier à de telles manœuvres contre un membre de
la famille de l'illustre martyr. Elle sait que Louis-
Napoléon, à Londres, tout en se rangeant parmi
les défenseurs de l'ordre public, était contraire à
une aristocratie oppressive, et marchait d'accord
avec les vrais amis de la liberté et du progrès.

Du reste, cette conduite de la presse anglaise
s'explique ; — mais nous n'en éprouvons que plus
de répugnance, comme Français, à nous joindre au
système de dénigrement suivi envers l'élu de Paris

et de onze départements, envers un citoyen qui, dans ses discours à l'Assemblée nationale, a protesté de son dévoûment à la République.

CONCLUSION.

D'après les faits et les paroles mentionnés dans ce rapide aperçu, point de doute sur l'attachement de Louis-Napoléon à la démocratie, ni sur son respect pour la souveraineté nationale, ni sur son patriotisme.

Et quant à sa *capacité* de penseur, d'homme d'État, d'administrateur, de militaire, etc., on ne saurait la méconnaître quand on a lu *ses réflexions sur la politique, ses ouvrages d'économie sociale et industrielle, ses travaux sur l'art militaire*, etc. Ces grandes qualités, jointes à un *nom* dont la splendeur oblige au plus haut point, doivent nécessairement exciter à l'extérieur, ainsi qu'à l'intérieur, certaines antipathies; mais elles nous paraissent aussi de nature à attirer vers lui les suffrages de quiconque tient réellement à la liberté, à la gloire, à la prospérité du pays.

On s'accorde à dire que le rétablissement du crédit, et l'affermissement de la République, seraient dans le rapprochement des opinions dissidentes. La position et le caractère de Louis-Napoléon Bonaparte nous semblent propres à déterminer cette heureuse fusion.

ÉLISÉE LECOMTE,

Ancien rédacteur du *Journal de Genève* et du *Réveil de l'Ain*.

Imprimerie de Mme DELACOMBE, rue d'Enghien, 12